Contenido

Capítulo 1: Introducción a la ingeniería de prompts

En este capítulo, se introducirá al estudiante al concepto de ingeniería de prompts y cómo la inteligencia artificial se utiliza para generar texto. También se explicará la importancia de la ingeniería de prompts en el mundo actual y cómo puede ser utilizada para diversos fines.

¿Qué es un prompt?

Un prompt, en términos generales, es una instrucción o una sugerencia que se utiliza para dirigir o guiar una acción o una respuesta. En el contexto de la generación de texto, un prompt se refiere a una pieza de texto o una idea que se utiliza para crear un texto más largo y coherente. Los prompts pueden variar en longitud y complejidad, y pueden ser tan simples como una palabra o tan complejos como un párrafo completo.

En la generación de texto asistida por IA, los prompts se utilizan para entrenar modelos de lenguaje con el fin de generar texto nuevo y original. Los prompts son especialmente importantes para los modelos de lenguaje de aprendizaje profundo, que pueden producir resultados sorprendentemente precisos y coherentes, pero solo cuando se les proporciona un prompt claro y conciso.

Los prompts pueden tomar muchas formas diferentes. Algunos ejemplos de prompts incluyen:

- Una pregunta: "¿Cuál es tu comida favorita?"

- Una afirmación: "Hace un día hermoso en la playa"
- Un comienzo de oración: "La mejor manera de aprender un nuevo idioma es..."
- Una lista de palabras clave: "Amor, aventura, desafío"

El objetivo de un prompt es proporcionar suficiente información y dirección para guiar la creación de un texto coherente y significativo. Los prompts pueden ser bastante detallados o muy vagos, según el propósito y la audiencia del texto que se está generando.

¿Cómo se utilizan los prompts?

Los prompts se utilizan en una variedad de aplicaciones de generación de texto asistidas por IA, desde la creación de contenido de marketing hasta la redacción de informes empresariales. Los modelos de lenguaje de aprendizaje profundo pueden utilizar prompts para generar cualquier tipo de texto imaginable, desde cuentos cortos hasta ensayos completos.

Los prompts se pueden generar manualmente o utilizando herramientas de generación de texto. En algunos casos, los usuarios pueden simplemente ingresar un prompt en una interfaz de usuario y recibir el texto generado automáticamente. En otros casos, los usuarios pueden trabajar con programadores y científicos de datos para ajustar los modelos de lenguaje y mejorar la calidad de los resultados generados.

Algunos consejos para utilizar prompts eficazmente incluyen:

1. Seleccionar cuidadosamente el prompt para asegurarse de que sea relevante y específico para la tarea o el proyecto en cuestión.

2. Proporcionar suficiente información y contexto para guiar la creación de un texto coherente y significativo.

3. Ajustar y mejorar los prompts según sea necesario para mejorar la calidad del texto generado.

En resumen, los prompts son una herramienta importante en la generación de texto asistida por IA, y son esenciales para entrenar modelos de lenguaje de aprendizaje profundo para producir resultados precisos y coherentes. Con un prompt claro y conciso, es posible generar cualquier tipo de texto imaginable, y los resultados pueden ser sorprendentes en términos de calidad y relevancia.

¿Por qué es importante entender cómo funcionan los prompts en la generación de texto con IA?

La generación de texto con IA ha avanzado enormemente en los últimos años, y cada vez es más común encontrar herramientas que pueden ayudarnos a crear textos automáticamente. Sin embargo, para poder utilizar estas herramientas de manera efectiva, es importante entender cómo funcionan los prompts.

Un prompt es una entrada de texto que se utiliza para entrenar al modelo de IA en la generación de textos. En otras palabras, es la información que se le proporciona al modelo para que pueda crear el texto deseado. El prompt puede ser una pregunta, una oración incompleta, una descripción o cualquier otra cosa que se quiera que aparezca en el texto final.

Por lo tanto, entender cómo funcionan los prompts es importante por varias razones. En primer lugar, si no se comprende cómo se utiliza el prompt para entrenar al modelo, se corre el riesgo de proporcionar información incorrecta o incompleta, lo que puede afectar negativamente la calidad del texto generado.

Además, entender cómo funcionan los prompts permite a los usuarios ser más precisos y específicos en la creación de textos. Al proporcionar prompts más precisos, se pueden obtener resultados más precisos y personalizados en la generación de texto.

Por ejemplo, si se desea crear un texto sobre un tema específico, es importante proporcionar un prompt que contenga información relevante sobre ese tema. Si el prompt es demasiado general, el modelo de IA puede generar un texto que no aborda adecuadamente el tema deseado.

Otra razón por la que es importante entender cómo funcionan los prompts es que esto puede ayudar a evitar sesgos en la generación de texto. Los modelos de IA pueden ser entrenados con datos sesgados, y esto puede afectar la calidad del texto generado. Sin embargo, al entender cómo funciona el prompt, los usuarios pueden ser más conscientes de los sesgos potenciales y tomar medidas para evitarlos.

En conclusión, entender cómo funcionan los prompts en la generación de texto con IA es esencial para utilizar estas herramientas de manera efectiva. Al comprender cómo se utiliza el prompt para entrenar al modelo, los usuarios pueden proporcionar información más precisa y específica, evitar sesgos y obtener mejores resultados en la generación de texto.

¿Qué habilidades o conocimientos previos se necesitan para entender la ingeniería de prompts?

La ingeniería de prompts es una disciplina en constante evolución que combina habilidades y conocimientos de diversas áreas como la informática, la lingüística, la psicología y la creatividad. Si bien no se requiere un conjunto específico de habilidades para entender la ingeniería de prompts, hay ciertos conocimientos y habilidades que pueden ayudar a los estudiantes a comprender y aplicar mejor los conceptos.

En este capítulo, hablaremos sobre las habilidades y conocimientos previos necesarios para entender la ingeniería de prompts.

1. **Conocimientos básicos de informática:** Es importante tener un conocimiento básico de informática y manejar herramientas informáticas. Esto incluye conocimientos básicos de programación, como la capacidad de comprender y escribir código en Python y tener conocimientos sobre las bases de datos.

2. **Lingüística:** Los conceptos lingüísticos son fundamentales para entender la ingeniería de prompts. Es importante comprender la sintaxis, la semántica y la pragmática para generar textos coherentes y significativos.

3. **Creatividad:** La ingeniería de prompts implica la generación de ideas y la creatividad. Es importante ser capaz de pensar de manera creativa y encontrar soluciones creativas a problemas complejos.

4. **Conocimientos sobre el público objetivo:** Es importante conocer a quién va dirigido el texto generado. El conocimiento sobre el público objetivo ayudará a crear textos más efectivos y personalizados.

5. **Conocimientos sobre el lenguaje natural:** La ingeniería de prompts se trata de generar textos en lenguaje natural que sean atractivos y persuasivos para el lector. Es importante tener conocimientos sobre el lenguaje natural, la redacción y la gramática.

6. **Psicología:** La ingeniería de prompts también implica el conocimiento de la psicología del consumidor. Es importante comprender cómo las emociones y las palabras pueden influir en la toma de decisiones del consumidor.

7. **Habilidades de investigación:** Para generar textos efectivos, es necesario realizar investigaciones sobre el tema y conocer a fondo la información. Es importante tener habilidades de investigación para encontrar información relevante y útil.

8. **Pensamiento crítico**: La ingeniería de prompts implica analizar la información de manera crítica y encontrar soluciones creativas a problemas complejos. Es importante tener habilidades de pensamiento crítico para poder generar textos efectivos.

En conclusión, aunque no es necesario tener habilidades o conocimientos previos específicos para entender la ingeniería de prompts, ciertos conocimientos y habilidades pueden ayudar a los estudiantes a comprender y aplicar mejor los conceptos. Es importante tener un conocimiento básico de informática, lingüística, creatividad, conocimientos sobre el público objetivo, lenguaje natural, psicología, habilidades de investigación y pensamiento crítico para generar textos efectivos y persuasivos.

Capítulo 2: Sistemas de inteligencia artificial y prompts

En este capítulo, se discutirán los diferentes tipos de prompts y cómo se pueden utilizar para diferentes propósitos. Los estudiantes aprenderán a reconocer y utilizar diferentes tipos de prompts para crear textos de alta calidad y personalizados.

¿Qué tipos de sistemas de IA se pueden utilizar con prompts y cómo funcionan?

Tipos de sistemas de IA para prompts y su funcionamiento

En la ingeniería de prompts, es común utilizar sistemas de inteligencia artificial (IA) para generar textos de manera automática. Existen varios tipos de sistemas de IA que pueden utilizarse para generar prompts, y cada uno de ellos tiene su propio funcionamiento y características. En este capítulo, exploraremos los principales tipos de sistemas de IA que se utilizan para prompts y cómo funcionan.

1. **Sistemas basados en reglas**: Los sistemas basados en reglas utilizan un conjunto de reglas para generar texto. Estas reglas están diseñadas por humanos y se basan en su conocimiento y experiencia. El sistema sigue estas reglas para producir el texto. Este tipo de sistema es limitado en términos de su capacidad para generar texto de manera creativa, ya que solo puede producir texto basado en las reglas predefinidas.

2. **Redes neuronales**: Las redes neuronales son sistemas de IA que se basan en el aprendizaje profundo. Estos sistemas utilizan algoritmos de aprendizaje automático para aprender patrones en grandes conjuntos de datos. Una vez que se han entrenado, pueden generar texto de manera automática. Las redes neuronales son capaces de producir texto más creativo que los sistemas basados en reglas, ya que no están limitados por reglas predefinidas.

3. **Modelos de lenguaje**: Los modelos de lenguaje son sistemas de IA que aprenden a predecir la probabilidad de que una secuencia de palabras aparezca en un texto determinado. Estos modelos se entrenan en grandes cantidades de texto para aprender patrones en el lenguaje. Una vez entrenados, pueden utilizarse para generar texto. Los modelos de lenguaje son altamente efectivos para generar texto natural y fluido.

4. **Transformers**: Los transformers son una variante de los modelos de lenguaje que se basan en la atención. Estos sistemas utilizan la atención para procesar el texto de entrada y generar texto de salida. Los transformers son capaces de generar texto más coherente y cohesivo que otros tipos de sistemas de IA.

Es importante destacar que estos sistemas de IA no son perfectos y pueden generar textos con errores o incoherencias. Por lo tanto, es necesario utilizar técnicas de revisión y edición para asegurar que los textos generados sean precisos y coherentes.

En resumen, los sistemas de IA que se utilizan para generar prompts son diversos y cada uno tiene sus propias características y limitaciones. Los sistemas basados en reglas son limitados en términos de creatividad, mientras que los sistemas basados en redes neuronales, modelos de lenguaje y transformers son capaces de generar textos más naturales y fluidos. Es importante tener en cuenta que estos sistemas de IA no son perfectos y deben ser revisados y editados para garantizar la calidad del texto generado.

¿Cómo se pueden utilizar prompts en diferentes aplicaciones, como chatbots, asistentes virtuales o generación de contenido?

Cómo utilizar prompts en diferentes aplicaciones

Los prompts pueden ser utilizados en diversas aplicaciones, como chatbots, asistentes virtuales o generación de contenido. En esta sección, exploraremos cómo los prompts pueden ser adaptados y utilizados en diferentes aplicaciones y cómo pueden mejorar la experiencia del usuario.

1. Chatbots

Los chatbots son programas informáticos diseñados para interactuar con los usuarios mediante chat. Los chatbots pueden ser utilizados en una variedad de aplicaciones, como asistentes virtuales, soporte al cliente y marketing. Los prompts pueden ser utilizados para mejorar la experiencia del usuario y hacer que la interacción con el chatbot sea más natural y fluida.

Por ejemplo, un chatbot de soporte técnico podría utilizar un prompt para recopilar información sobre el problema del usuario antes de proporcionar una solución. El prompt podría pedir al usuario que describa el problema en detalle o que proporcione una captura de pantalla. Esto permitiría al chatbot proporcionar una solución más precisa y rápida al usuario.

2. Asistentes virtuales

Los asistentes virtuales son programas informáticos diseñados para ayudar a los usuarios con tareas específicas, como la búsqueda de información o la gestión de tareas. Los prompts pueden ser utilizados para hacer que la interacción con el asistente virtual sea más personalizada y efectiva.

Por ejemplo, un asistente virtual de planificación de viajes podría utilizar un prompt para recopilar información sobre las preferencias del usuario en cuanto a destinos, fechas y presupuesto. Con esta información, el asistente virtual podría proporcionar recomendaciones personalizadas y ajustadas a las necesidades del usuario.

3. Generación de contenido

Los prompts también pueden ser utilizados en la generación de contenido. Los prompts pueden ser utilizados para ayudar a los escritores a superar el bloqueo del escritor o para generar ideas para contenido.

Por ejemplo, un prompt para un blog de moda podría ser "Escribe sobre tu prenda favorita y cómo la has combinado con otros elementos de tu guardarropa". Este prompt podría inspirar al escritor a crear contenido útil y relevante para el público objetivo del blog.

En resumen, los prompts pueden ser utilizados en una variedad de aplicaciones para mejorar la experiencia del usuario y hacer que la interacción con programas informáticos sea más efectiva. Los ejemplos mencionados anteriormente son solo algunos de los muchos casos de uso para prompts. Experimenta con diferentes tipos de prompts y descubre cómo pueden ayudarte en tu aplicación específica.

Capítulo 3: Creación de prompts efectivos

En este capítulo, aprenderás cómo crear prompts efectivos que generen textos con un alto impacto y personalidad. Te mostraremos cómo identificar los elementos clave que componen un prompt efectivo, como la claridad, la especificidad y la originalidad. También exploraremos cómo utilizar técnicas de generación de prompts, como la modificación de prompts existentes, la combinación de diferentes elementos y la exploración de nuevos temas. Además, te daremos consejos prácticos sobre cómo mejorar tus prompts y cómo evitar algunos errores comunes al crearlos. Al final de este capítulo, tendrás las herramientas necesarias para crear tus propios prompts efectivos y lograr generar textos que capten la atención de tu público objetivo.

¿Cómo se crea un prompt efectivo?

La creación de un prompt efectivo es el primer paso para generar textos de calidad que capturen la atención de su público objetivo. En este capítulo, te mostraremos cómo crear un prompt efectivo utilizando técnicas de escritura creativa y de marketing.

1. Identifica tu objetivo y audiencia

Antes de comenzar a crear un prompt, es importante identificar tu objetivo y audiencia. ¿Qué quieres lograr con tu texto? ¿Quiénes son tus lectores? Al identificar esto, podrás crear un prompt que se adapte a tus necesidades y sea atractivo para tu público objetivo.

2. Asegura la claridad y la especificidad

Un prompt efectivo debe ser claro y específico. Debe indicar claramente el tema que se va a tratar y ser lo suficientemente específico para guiar la escritura. Por ejemplo, un prompt que simplemente pide "Escribe sobre tu día" es demasiado vago y no proporciona suficiente dirección. En cambio, un prompt como "Describe un momento memorable en tu día y cómo te hizo sentir" es más específico y proporciona una dirección clara.

3. Sé original y creativo

Los prompts efectivos deben ser originales y creativos. Evita utilizar los mismos prompts que otros han utilizado antes. Busca inspiración en diferentes fuentes, como la música, el arte y la literatura, para crear prompts únicos y atractivos. También puedes modificar y combinar diferentes prompts para crear uno nuevo y original.

4. Utiliza técnicas de marketing

Los prompts efectivos también pueden utilizar técnicas de marketing para aumentar su impacto. Por ejemplo, el uso de títulos llamativos, preguntas intrigantes y descripciones emocionales puede hacer que tu prompt sea más atractivo para tus lectores.

5. Evita algunos errores comunes

Al crear un prompt, es importante evitar algunos errores comunes, como ser demasiado vago, ser demasiado específico, ser demasiado general o ser demasiado complejo.

También debes evitar promover estereotipos y prejuicios, y asegurarte de que tu prompt sea inclusivo y respetuoso.

Ejemplos prácticos:

- Prompt inefectivo: "Escribe sobre tus vacaciones de verano"
- Prompt efectivo: "Describe tu mejor aventura de verano y cómo te hizo sentir"
- Prompt inefectivo: "Escribe sobre tu mascota"
- Prompt efectivo: "Describe un momento especial que compartiste con tu mascota y cómo te hizo sentir"

Consejos prácticos:

- Piensa en diferentes ángulos y perspectivas para tu prompt.
- Utiliza palabras y frases emocionales para hacer que tu prompt sea más atractivo.
- Pide opiniones de otras personas para mejorar tu prompt.
- Asegúrate de que tu prompt sea relevante y actual.

En conclusión, la creación de un prompt efectivo es fundamental para generar textos de calidad y atractivos para tus lectores. A través de la identificación de objetivos y audiencia, la claridad y especificidad, la originalidad y creatividad, las técnicas de marketing y la evitación de errores comunes, podrás crear prompts efectivos que sean atractivos para tu público objetivo y aumenten el impacto de tus textos.

¿Cuáles son las mejores prácticas para crear prompts?

Crear prompts efectivos puede ser un desafío, pero hay algunas prácticas que pueden ayudarte a producir prompts de alta calidad de manera consistente. En este capítulo, discutiremos las mejores prácticas para crear prompts efectivos y cómo aplicarlas para generar textos con impacto y personalidad.

Conoce a tu público objetivo

El primer paso para crear un prompt efectivo es conocer a tu público objetivo. Debes entender quiénes son tus lectores, qué tipo de contenido les gusta y qué los motiva. Una vez que tengas una comprensión sólida de tu público objetivo, podrás crear prompts que sean específicos y relevantes para ellos.
Por ejemplo, si estás escribiendo para un público joven, es posible que desees crear prompts que involucren temas de interés para ellos, como la tecnología o las redes sociales. Por otro lado, si estás escribiendo para un público más maduro, es posible que desees crear prompts que aborden temas como la salud o la inversión.

Sé claro y específico

Un prompt efectivo debe ser claro y específico para que el escritor pueda entender claramente lo que se espera de él. Asegúrate de que tu prompt tenga una estructura clara y que incluya las palabras clave relevantes para el tema en cuestión. Un prompt claro y específico ayudará a que el escritor pueda enfocarse en los detalles importantes del tema, en lugar de adivinar lo que se espera de él.

Por ejemplo, si estás creando un prompt sobre la historia de la Segunda Guerra Mundial, en lugar de usar un prompt vago como "escribe sobre la Segunda Guerra Mundial", considera usar un prompt más específico, como "escribe sobre la contribución de las mujeres en la Segunda Guerra Mundial".

Sé original y creativo

Los prompts efectivos deben ser originales y creativos para que el escritor no pierda interés en el tema. Evita los prompts cliché y trata de buscar nuevas ideas y enfoques para los temas. Sé creativo con tus palabras y enfoques para que el escritor se sienta motivado para escribir.

Por ejemplo, en lugar de utilizar un prompt cliché como "escribe sobre tus vacaciones de verano", considera utilizar un prompt más original y creativo, como "escribe sobre cómo tu última aventura de verano te llevó a descubrir algo nuevo sobre ti mismo".

Sé emocionalmente atractivo

Los prompts emocionalmente atractivos suelen generar mejores textos, ya que involucran al escritor en un nivel personal. Puedes utilizar temas como la familia, la amistad, el amor y la superación personal para hacer que tus prompts sean más emocionales y atractivos.

Por ejemplo, en lugar de usar un prompt aburrido como "escribe sobre la historia de la arquitectura", considera usar un prompt más emocionalmente atractivo, como "escribe sobre la casa que te hizo sentir más en casa".

Sé específico en el formato

Es importante que los prompts estén diseñados para el formato específico del texto que se espera del escritor. Si estás escribiendo un ensayo, el prompt debe ser diseñado para ese formato específico.

Además, es importante considerar la longitud del prompt. Aunque no hay una longitud fija para los prompts efectivos, es recomendable que sean lo suficientemente largos como para proporcionar suficiente contexto, pero no tan largos que sean abrumadores o difíciles de entender.

Otro aspecto a tener en cuenta es la elección del lenguaje. Los prompts deben estar escritos en un lenguaje claro y conciso, evitando jergas o tecnicismos que puedan confundir al lector.

Por último, es fundamental asegurarse de que el prompt tenga un propósito claro y definido. El prompt debe estar diseñado para lograr un objetivo específico, ya sea para inspirar a la creatividad, estimular el pensamiento crítico o fomentar la reflexión personal.

Para crear prompts efectivos, es útil tener en cuenta las siguientes mejores prácticas:

1. **Conocer a la audiencia**: Es importante conocer a quién va dirigido el prompt, para asegurarse de que sea relevante y atractivo para el público objetivo.

2. **Incluir elementos visuales**: Los elementos visuales, como imágenes o videos, pueden agregar interés y profundidad al prompt, lo que aumenta la probabilidad de que el lector se involucre.

3. **Utilizar preguntas abiertas**: Las preguntas abiertas permiten una mayor libertad y creatividad en las respuestas, lo que puede llevar a resultados más interesantes y variados.

4. **Ser específico**: Los prompts deben ser específicos y detallados para proporcionar suficiente contexto y orientación a los estudiantes.

5. **Proporcionar opciones**: Proporcionar opciones en el prompt puede aumentar la participación y la creatividad de los estudiantes, y también les da la oportunidad de elegir el enfoque que mejor se adapte a sus habilidades e intereses.

6. **Fomentar la experimentación**: Los prompts deben ser diseñados para fomentar la experimentación y la exploración creativa, permitiendo a los estudiantes salir de su zona de confort y probar cosas nuevas.

7. **Ser claro y conciso**: Los prompts deben estar escritos en un lenguaje claro y conciso, evitando palabras o frases ambiguas o confusas.

8. **Evaluar los resultados**: Es importante evaluar los resultados de los prompts para determinar su efectividad y hacer ajustes para futuras actividades de generación de prompts.

Siguiendo estas mejores prácticas, se puede crear prompts efectivos que inspiren a los estudiantes a desarrollar habilidades creativas, críticas y reflexivas. Con práctica y paciencia, cualquier persona puede convertirse en un maestro de la creación de prompts efectivos.

Capítulo 4: Herramientas y tecnologías para trabajar con prompts

En este capítulo, se presentarán las herramientas y tecnologías más utilizadas en la generación de prompts y la creación de textos con IA. Se explicará el funcionamiento de cada una de ellas y se ofrecerán ejemplos prácticos para su utilización. Entre las herramientas y tecnologías que se tratarán se incluyen: GPT-3, OpenAI API, Hugging Face Transformers, AI Dungeon, entre otras.

También se ofrecerán consejos útiles para seleccionar la herramienta o tecnología adecuada según las necesidades y objetivos específicos de cada proyecto. Se abordarán temas como la selección de la API adecuada, la optimización de los modelos de IA y el uso de técnicas de pre-procesamiento para mejorar la calidad de los prompts generados.

Este capítulo resultará de gran utilidad tanto para aquellos que se estén iniciando en el uso de herramientas de IA para la generación de prompts como para aquellos que deseen ampliar sus conocimientos y mejorar su capacidad para trabajar con tecnologías avanzadas en este campo.

¿Qué herramientas y tecnologías se utilizan para trabajar con prompts?

La generación de prompts es una tarea que requiere de herramientas y tecnologías avanzadas para poder obtener resultados precisos y de calidad. En este capítulo, se presentarán las herramientas y tecnologías más utilizadas en la generación de prompts y se explicará su funcionamiento y utilidad en el proceso creativo.

Entre las herramientas y tecnologías más utilizadas para trabajar con prompts se encuentra GPT-3, una de las soluciones más populares en la actualidad para generar textos con IA. GPT-3 es una API desarrollada por OpenAI que utiliza modelos de lenguaje de aprendizaje profundo para generar texto a partir de una entrada de texto.

Otra herramienta popular es Hugging Face Transformers, una biblioteca de aprendizaje profundo para el procesamiento del lenguaje natural que ofrece una amplia variedad de modelos pre-entrenados para diferentes tareas, incluyendo la generación de texto.

Asimismo, AI Dungeon es otra herramienta interesante para trabajar con prompts, ya que se basa en la creación de historias generadas por IA, lo que la convierte en una herramienta muy útil para escritores y creadores de contenido.

También existen herramientas de generación de prompts específicas para diferentes industrias y aplicaciones, como Copy.ai para la creación de textos publicitarios, Writesonic para la creación de textos de marketing y publicidad, y Artbreeder para la generación de imágenes con IA.

En cuanto a las tecnologías utilizadas para trabajar con prompts, existen diferentes técnicas y métodos que pueden ayudar a mejorar la calidad de los resultados generados por estas herramientas. Entre ellas se encuentra el pre-procesamiento de los datos, la selección de modelos adecuados para la tarea específica, la optimización de los hiperparámetros y la utilización de técnicas de transferencia de aprendizaje.

Además, es importante tener en cuenta que la elección de la herramienta o tecnología adecuada dependerá de la tarea específica que se quiera realizar. Por ejemplo, para generar textos cortos y precisos, una herramienta como Copy.ai puede ser más adecuada, mientras que para la creación de historias y textos más complejos, AI Dungeon puede ser una mejor opción.

En conclusión, en este capítulo se ha presentado una amplia variedad de herramientas y tecnologías para trabajar con prompts, desde soluciones populares como GPT-3 hasta herramientas especializadas en diferentes industrias y aplicaciones. Además, se han compartido consejos y técnicas útiles para mejorar la calidad de los resultados generados y se ha destacado la importancia de seleccionar la herramienta adecuada para la tarea específica que se quiera realizar.

¿Cómo se pueden adaptar los prompts y el modelo de IA a diferentes lenguas y dialectos?

La adaptación de los prompts y el modelo de IA a diferentes lenguas y dialectos es un tema crucial en la generación de textos con IA en el mundo globalizado en el que vivimos hoy en día. En este capítulo, se explorarán las diferentes técnicas y herramientas utilizadas para adaptar los prompts y el modelo de IA a diferentes lenguas y dialectos.

Para empezar, es importante destacar que la adaptación de los prompts y el modelo de IA a diferentes lenguas y dialectos no se puede hacer de forma automática. Es necesario un proceso de entrenamiento específico para cada lengua o dialecto que se desee utilizar. Es decir, si se desea utilizar un modelo de IA para generar textos en un dialecto particular, es necesario entrenar el modelo con un corpus de datos que contenga textos en ese dialecto.

Una vez que se cuenta con un corpus de datos en el dialecto deseado, se puede proceder a entrenar el modelo de IA para que sea capaz de generar textos en ese dialecto. Sin embargo, la adaptación a diferentes lenguas y dialectos va más allá de entrenar un modelo de IA en un corpus de datos específico. Es importante considerar aspectos culturales, sociales y lingüísticos para lograr una adaptación efectiva.

Entre las técnicas utilizadas para adaptar los prompts y el modelo de IA a diferentes lenguas y dialectos, se encuentran las siguientes:

1. **Selección de un corpus de datos representativo:** Es fundamental seleccionar un corpus de datos que sea representativo de la lengua o dialecto en cuestión. El corpus debe incluir una amplia variedad de textos y estilos de escritura para que el modelo de IA pueda aprender las

características lingüísticas y culturales de la lengua o dialecto.

2. **Ajuste de hiperparámetros**: Los hiperparámetros son los ajustes que se hacen en el modelo de IA para mejorar su rendimiento. En el caso de la adaptación a diferentes lenguas y dialectos, es necesario ajustar los hiperparámetros para que el modelo de IA pueda aprender las características específicas de cada lengua o dialecto.

3. **Pre-procesamiento de datos:** El pre-procesamiento de datos consiste en la limpieza y normalización de los datos de entrada antes de que se introduzcan en el modelo de IA. En el caso de la adaptación a diferentes lenguas y dialectos, es necesario realizar un pre-procesamiento específico para cada lengua o dialecto.

4. **Traducción automática:** La traducción automática se utiliza para traducir los prompts y otros datos de entrada al idioma deseado. Existen herramientas de traducción automática como Google Translate que pueden ser útiles para la adaptación a diferentes lenguas y dialectos.

5. **Creación de datasets bilingües:** Los datasets bilingües son conjuntos de datos que contienen textos en dos idiomas diferentes. Estos datasets pueden ser utilizados para entrenar modelos de IA en la traducción automática y para mejorar la adaptación a diferentes lenguas y dialectos.

Es importante destacar que la adaptación a diferentes lenguas y dialectos es un proceso complejo que requiere tiempo y dedicación. Para adaptar los prompts y modelos de IA a diferentes lenguas y dialectos, es importante tener en cuenta varios factores clave. En primer lugar, se debe tener un buen conocimiento de la gramática y la sintaxis del idioma objetivo, para poder crear prompts que sean gramaticalmente correctos y coherentes. Además, es importante tener en cuenta las diferencias culturales y lingüísticas, ya que pueden afectar el significado y la interpretación de los textos.

Una forma común de adaptar los prompts y modelos de IA a diferentes idiomas es mediante la traducción automática. Esto implica utilizar un software especializado para traducir los prompts y modelos de un idioma a otro. Sin embargo, es importante tener en cuenta que la traducción automática no siempre es perfecta y puede perder algunos matices y significados sutiles del lenguaje original.

Otra forma de adaptar los prompts y modelos de IA a diferentes lenguas es mediante la creación de modelos específicos para cada idioma. Esto implica entrenar modelos de IA específicos para cada idioma, utilizando datos lingüísticos y culturales del idioma objetivo. De esta manera, se pueden crear modelos más precisos y personalizados para cada idioma y dialecto.

Es importante también considerar los diferentes dialectos y variaciones regionales dentro de un mismo idioma. Por ejemplo, el español de España es diferente al español de México o de Argentina. Por lo tanto, se deben tener en cuenta estas variaciones al crear prompts y modelos de IA para un público específico.

Para adaptar los prompts y modelos de IA a diferentes lenguas y dialectos de manera efectiva, es importante trabajar con expertos lingüísticos y culturales que puedan ayudar a garantizar la precisión y coherencia del texto. También es importante hacer pruebas exhaustivas y obtener comentarios de hablantes nativos del idioma objetivo para asegurarse de que los textos sean efectivos y comprensibles.

En conclusión, la adaptación de los prompts y modelos de IA a diferentes lenguas y dialectos es un desafío importante en la ingeniería de prompts. Para lograr una adaptación efectiva, es necesario tener en cuenta la gramática y sintaxis del idioma objetivo, así como las diferencias culturales y lingüísticas. La traducción automática y la creación de modelos específicos son dos formas comunes de adaptación, y es importante trabajar con expertos lingüísticos y culturales para garantizar la precisión y coherencia del texto.

Capítulo 5: Medición de la calidad de la respuesta generada

En el Capítulo 5, se abordará cómo medir la calidad de la respuesta generada por el modelo de IA en base a los prompts utilizados. Se explorarán diversas métricas para evaluar la calidad, como la coherencia, la fluidez y la relevancia del contenido generado. También se discutirán las herramientas y técnicas disponibles para la evaluación automatizada de la calidad, como la puntuación BLEU y la puntuación de similitud coseno. Finalmente, se proporcionarán consejos prácticos para mejorar la calidad de las respuestas generadas y cómo interpretar los resultados de la evaluación de calidad. Este capítulo es fundamental para cualquier persona interesada en la creación de textos de alta calidad a través de prompts y modelos de IA.

¿Cómo se puede medir la calidad de la respuesta generada por un sistema de IA a partir de un prompt?

Cuando se trabaja con prompts y sistemas de IA, es importante medir la calidad de las respuestas generadas para asegurarse de que sean relevantes, precisas y útiles. En este capítulo, exploraremos los métodos y herramientas para medir la calidad de las respuestas generadas.

Existen varios enfoques para medir la calidad de las respuestas generadas por un sistema de IA, pero el más común es la evaluación humana. En este enfoque, se solicita a un grupo de personas que evalúen la calidad de las respuestas generadas por el sistema en función de diferentes criterios, como la relevancia, la coherencia, la gramática y la fluidez. Los evaluadores humanos pueden proporcionar comentarios valiosos sobre la calidad de las respuestas generadas y ayudar a identificar áreas que necesitan mejoras.

Otro enfoque para medir la calidad de las respuestas generadas es a través del uso de métricas de evaluación automáticas. Estas métricas utilizan técnicas de procesamiento de lenguaje natural para medir la calidad de las respuestas generadas por un sistema de IA. Algunas de las métricas más comunes incluyen la coincidencia de la respuesta con el prompt, la gramática y la coherencia. Estas métricas pueden ser útiles para evaluar grandes cantidades de respuestas generadas de forma eficiente, aunque no siempre reflejan la calidad de la respuesta desde la perspectiva de un usuario humano.

Para medir la calidad de las respuestas generadas, también es importante tener en cuenta el contexto en el que se utiliza el sistema de IA. Por ejemplo, si se está utilizando un sistema de IA para generar respuestas a preguntas médicas, la calidad de las respuestas se medirá de manera diferente a si se está utilizando el sistema para generar respuestas a preguntas de trivial.

Es importante recordar que la calidad de las respuestas generadas no solo depende del sistema de IA, sino también del prompt que se utiliza. Un prompt mal diseñado puede llevar a respuestas irrelevantes o inexactas, incluso si el sistema de IA es de alta calidad. Por lo tanto, es fundamental diseñar prompts efectivos y específicos para el tipo de respuesta que se desea generar.

En resumen, medir la calidad de las respuestas generadas es esencial para garantizar que un sistema de IA esté generando respuestas precisas y útiles. Ya sea a través de la evaluación humana, las métricas de evaluación automáticas o una combinación de ambos, es importante considerar el contexto y el prompt utilizado para obtener una evaluación precisa y completa de la calidad de las respuestas generadas.

Algunos ejemplos de cómo se puede medir la calidad de la respuesta generada por la IA pueden ser:

1. **Métricas de evaluación automática:** estas métricas miden la calidad de la respuesta generada utilizando métodos matemáticos y estadísticos. Ejemplos de estas métricas son BLEU (Bilingual Evaluation Understudy), ROUGE (Recall-Oriented Understudy for Gisting Evaluation), METEOR (Metric for Evaluation of Translation with Explicit ORdering), etc.

2. **Evaluación humana:** los seres humanos también pueden evaluar la calidad de la respuesta generada a través de pruebas de calidad, encuestas y evaluaciones. En este enfoque, se pide a los evaluadores humanos que califiquen la respuesta generada según diferentes

criterios de calidad, como la coherencia, la relevancia, la gramática, la fluidez, etc.

3. **Entrenamiento y ajuste del modelo**: los modelos de IA también pueden ser entrenados y ajustados utilizando técnicas como la retroalimentación del usuario y la optimización de los parámetros del modelo. Estas técnicas permiten mejorar la calidad de las respuestas generadas por el sistema.

4. **Pruebas de campo:** las pruebas de campo implican la prueba del sistema de IA en un ambiente de la vida real. En este enfoque, se evalúa la calidad de las respuestas generadas en una situación realista para evaluar su utilidad y efectividad en el mundo real.

Estos son solo algunos ejemplos de cómo se puede medir la calidad de la respuesta generada por un sistema de IA a partir de un prompt.

¿Cómo se pueden mejorar los resultados de la generación de texto con IA a partir de un prompt?

La generación de texto con IA a partir de un prompt es una tarea compleja que requiere una combinación de habilidades técnicas y de conocimiento del lenguaje natural. Sin embargo, existen algunas estrategias y técnicas que se pueden utilizar para mejorar los resultados de la generación de texto con IA a partir de un prompt. A continuación, te presentamos algunas de las más efectivas:

1. **Ajustar la longitud del prompt:** A veces, el prompt puede ser demasiado corto o demasiado largo, lo que puede afectar la calidad de la respuesta generada. Si el prompt es demasiado corto, la IA puede tener dificultades para entender el contexto adecuado para generar la respuesta. Si el prompt es demasiado largo, la IA puede perder el enfoque y generar una respuesta que no está relacionada con el tema original. Por lo tanto, es importante ajustar la longitud del prompt para obtener mejores resultados.

2. **Utilizar el lenguaje natural:** Los prompts escritos en un lenguaje natural pueden mejorar la calidad de la respuesta generada. Es importante utilizar palabras y frases que sean comunes y fáciles de entender para el modelo de IA.

3. **Utilizar ejemplos:** La inclusión de ejemplos puede ser muy útil para la IA, ya que le permite comprender mejor el contexto y las expectativas del usuario. Los ejemplos también pueden ayudar a aclarar las intenciones del usuario y reducir la ambigüedad en el prompt.

4. **Utilizar prompts bien estructurados:** Los prompts bien estructurados pueden ayudar a la IA a generar respuestas más precisas y coherentes. Es importante utilizar un formato claro y conciso para el prompt, lo que ayudará a la IA a entender mejor lo que se espera de ella.

5. **Utilizar múltiples prompts**: La generación de texto con IA a partir de múltiples prompts puede mejorar la calidad de la respuesta generada. Esto se debe a que la

IA tiene más información para trabajar y puede entender mejor el contexto y las expectativas del usuario.

6. **Utilizar técnicas de pre-procesamiento**: Las técnicas de pre-procesamiento pueden mejorar los resultados de la generación de texto con IA a partir de un prompt. Estas técnicas incluyen la eliminación de palabras innecesarias, la corrección ortográfica y la eliminación de caracteres no deseados.

7. **Realizar pruebas de calidad:** Es importante realizar pruebas de calidad para evaluar la calidad de las respuestas generadas por la IA a partir de un prompt. Esto puede hacerse a través de una variedad de técnicas, como la revisión manual de las respuestas generadas o la comparación de las respuestas generadas con las respuestas humanas.

Siguiendo estas estrategias y técnicas, se pueden mejorar los resultados de la generación de texto con IA a partir de un prompt. Es importante recordar que la generación de texto con IA es una tarea compleja que requiere una combinación de habilidades técnicas y de conocimiento del lenguaje natural. Con la práctica y la experimentación, se pueden obtener resultados cada vez más precisos y coherentes.

Capítulo 6: Sesgos en la generación de texto con IA a partir de prompts

En este capítulo, exploraremos los sesgos que pueden surgir al utilizar modelos de IA para generar texto a partir de prompts. Aprenderás cómo los datos de entrenamiento pueden afectar la calidad y la imparcialidad de los resultados, y cómo se pueden abordar estos sesgos para producir textos más precisos y equilibrados. También discutiremos cómo los sesgos en los prompts mismos pueden afectar la generación de texto y cómo podemos evitar estos problemas. Finalmente, te proporcionaremos herramientas y estrategias para identificar y reducir los sesgos en tus propios proyectos de generación de texto con IA.

¿Cómo se pueden evitar los sesgos en los resultados de la generación de texto con IA a partir de un prompt?

La generación de texto con IA a partir de un prompt es una herramienta potente y valiosa, pero como cualquier otra tecnología, también puede ser propensa a sesgos que pueden afectar la calidad y objetividad de los resultados. En este capítulo, exploraremos los diferentes tipos de sesgos que pueden surgir en la generación de texto con IA y cómo se pueden evitar para garantizar que los resultados sean precisos, imparciales y fiables.

En primer lugar, es importante tener en cuenta que la IA aprende de los datos que se le proporcionan. Por lo tanto, si los datos que se utilizan para entrenar un modelo están sesgados, el modelo también lo estará. Por ejemplo, si un modelo de IA se entrena con datos que contienen sesgos de género, como estereotipos de roles de género, es probable que produzca resultados que refuercen estos sesgos. Para evitar este tipo de sesgos, es fundamental contar con conjuntos de datos que sean lo más imparciales y representativos posible.

Otro tipo de sesgo que puede surgir en la generación de texto con IA es el sesgo de selección del modelo. Esto se produce cuando el modelo selecciona de manera selectiva ciertos patrones o características de los datos de entrenamiento y los amplifica en la generación de texto. Por ejemplo, si un modelo de IA se entrena con un conjunto de datos de reseñas de productos escritas por clientes que han comprado un producto en línea, es posible que el modelo genere opiniones positivas sobre los productos que se venden en línea, ya que los datos de entrenamiento solo contienen este tipo de reseñas.

Para evitar el sesgo de selección del modelo, es fundamental asegurarse de que el conjunto de datos de entrenamiento sea lo más completo y variado posible, y que incluya ejemplos que sean representativos de todos los grupos y perspectivas.

Otro enfoque para evitar los sesgos en la generación de texto con IA es utilizar técnicas de pre-procesamiento para identificar y reducir los sesgos en el conjunto de datos de entrenamiento. Esto puede incluir el uso de técnicas de muestreo para equilibrar el número de ejemplos de diferentes grupos o perspectivas, o la eliminación de características específicas que puedan introducir sesgos en el modelo.

También es importante monitorear los resultados de la generación de texto con IA y verificar periódicamente si existen sesgos. Esto puede incluir el uso de pruebas de evaluación de calidad de los resultados, la revisión manual de los resultados generados y la realización de auditorías regulares del modelo de IA para detectar y corregir cualquier sesgo que se detecte.

En conclusión, evitar los sesgos en la generación de texto con IA a partir de un prompt es fundamental para garantizar que los resultados sean precisos, imparciales y fiables. Esto requiere la selección cuidadosa de los conjuntos de datos de entrenamiento, la utilización de técnicas de pre-procesamiento para reducir los sesgos y la monitorización regular de los resultados para detectar y corregir cualquier sesgo que se detecte. Al aplicar estas medidas, los resultados generados por la IA serán más objetivos.

Una forma importante de abordar la cuestión de los sesgos en la generación de texto con IA es a través de la selección cuidadosa de datos de entrenamiento. Es esencial tener en cuenta la diversidad de los datos de entrenamiento para garantizar que no haya sesgos ocultos que puedan influir en los resultados de la generación de texto.

Otra forma de evitar los sesgos en los resultados de la generación de texto es utilizar herramientas de análisis de texto para detectar patrones de sesgo. Estas herramientas pueden identificar automáticamente las palabras y frases que pueden introducir prejuicios en los resultados.

Además, se pueden aplicar técnicas de post-procesamiento para ajustar los resultados de la generación de texto y eliminar cualquier sesgo que pueda haberse introducido. Por ejemplo, se pueden utilizar algoritmos de equidad para ajustar los resultados y garantizar que se cumpla un conjunto de criterios equitativos.

Es importante tener en cuenta que la eliminación completa de los sesgos puede ser difícil, ya que pueden surgir de fuentes diversas e impredecibles. En cambio, se debe trabajar para minimizar y detectar los sesgos de manera continua y aplicar soluciones adecuadas.

Por último, es importante que las empresas y organizaciones sean transparentes sobre los datos de entrenamiento utilizados y los resultados generados a partir de ellos. La transparencia puede ayudar a detectar y corregir los sesgos y aumentar la confianza en los resultados generados.

En resumen, la eliminación completa de los sesgos en la generación de texto con IA puede ser difícil, pero es posible minimizarlos y detectarlos a través de una selección cuidadosa de los datos de entrenamiento, el uso de herramientas de análisis de texto, técnicas de post-procesamiento y transparencia en el proceso. La eliminación de los sesgos puede mejorar significativamente la calidad y la equidad de los resultados generados a partir de un prompt.

Por ejemplo, si se quisiera generar un texto persuasivo para un anuncio publicitario de un coche, y se utiliza un prompt que dice "Escribe un texto persuasivo para el nuevo modelo de coche deportivo", la IA podría generar un texto que resalte la velocidad, la potencia y el diseño del coche, pero podría también introducir sesgos de género o de estereotipos, como por ejemplo que el coche es para hombres y que las mujeres solo pueden ser pasajeras.

Otro ejemplo podría ser la generación de textos de noticias a partir de un prompt sobre un evento. Si el prompt es "Escribe una noticia sobre un robo en una tienda", la IA podría generar una noticia que incrimine a un grupo étnico en particular como los sospechosos, lo que sería un sesgo.

En ambos casos, es importante prestar atención a los sesgos que puedan aparecer en los resultados y hacer ajustes en los datos de entrenamiento y los algoritmos utilizados para minimizar su impacto.

Para evitar los sesgos en la generación de texto con IA, es importante tomar medidas como:

- Seleccionar cuidadosamente los datos de entrenamiento y asegurarse de que sean representativos y equilibrados en cuanto a género, raza, etnia, etc.
- Realizar pruebas y evaluaciones continuas para detectar sesgos y ajustar los algoritmos en consecuencia.

- Utilizar técnicas como la eliminación de palabras sensibles, la inclusión de vocabularios no sexistas y la diversificación de las fuentes de entrenamiento.
- Considerar la inclusión de expertos en la materia, como lingüistas, sociólogos, psicólogos y otros profesionales que puedan proporcionar orientación y perspectivas críticas.
- Tomar en cuenta los contextos sociales, culturales y políticos en los que se generará el texto y ajustar en consecuencia para evitar cualquier tipo de sesgo.

Al aplicar estas técnicas y prácticas, se puede minimizar el riesgo de sesgos en la generación de texto con IA y obtener resultados más equilibrados, precisos y confiables.

¿Cuáles son las limitaciones y desafíos en el uso de prompts en la generación de texto con IA?

En los últimos años, la tecnología de inteligencia artificial ha avanzado a pasos agigantados, especialmente en la generación de texto con IA. El uso de prompts ha sido una herramienta clave en este campo, pero como en cualquier tecnología, también tiene sus limitaciones y desafíos. En este capítulo, se explorarán las limitaciones y desafíos en el uso de prompts en la generación de texto con IA.

Limitaciones en la calidad del texto generado La calidad del texto generado con IA aún no es perfecta, y esto es una limitación importante en el uso de prompts. Aunque los modelos de lenguaje con IA están mejorando constantemente, aún pueden generar errores gramaticales, ortográficos y semánticos. Estos errores pueden ser más comunes en textos más complejos o en idiomas menos comunes.

Limitaciones en el uso de datos Los modelos de lenguaje con IA requieren grandes cantidades de datos para entrenarse y mejorar. Por lo tanto, la calidad y cantidad de los datos utilizados puede ser una limitación en el uso de prompts. Si los datos utilizados no son suficientes, los modelos de lenguaje con IA pueden tener dificultades para comprender la estructura y el contexto del texto y generar respuestas adecuadas.

Desafíos en la selección de prompts adecuados Seleccionar el prompt adecuado puede ser un desafío en sí mismo. Es importante seleccionar un prompt que sea relevante para el tipo de texto que se desea generar y que tenga suficiente información para guiar al modelo de lenguaje con IA en la dirección correcta. Sin embargo, seleccionar un prompt demasiado específico puede limitar la capacidad del modelo para generar textos únicos y creativos.

Desafíos en la interpretación del contexto y la intención En la generación de texto con IA, la interpretación del contexto y la intención del usuario puede ser un desafío. Por ejemplo, si el usuario desea generar un texto persuasivo para una audiencia específica, el modelo de lenguaje con IA debe entender el contexto y la intención del usuario para generar un texto efectivo. Sin embargo, la comprensión de estos factores puede ser difícil para los modelos de lenguaje con IA.

Consejos para superar las limitaciones y desafíos en el uso de prompts Aunque existen limitaciones y desafíos en el uso de prompts, hay varias formas de superarlos y mejorar la calidad del texto generado con IA. Algunos consejos útiles incluyen:

- Utilizar datos de alta calidad y cantidad para entrenar los modelos de lenguaje con IA.
- Seleccionar prompts generales pero relevantes para permitir la generación de textos únicos y creativos.
- Añadir información adicional al prompt para guiar al modelo de lenguaje con IA en la dirección correcta.
- Verificar el contexto y la intención del usuario para asegurarse de que el texto generado cumpla con los objetivos específicos.

Ejemplos prácticos: Supongamos que se desea generar un correo electrónico persuasivo para una campaña de marketing. El prompt podría ser "Escribe un correo electrónico persuasivo para convencer a los clientes potenciales de que compren nuestro producto".

Además de las limitaciones técnicas, también hay preocupaciones éticas que deben abordarse en el uso de prompts en la generación de texto. Por ejemplo, hay preocupaciones sobre la posibilidad de que los algoritmos de IA sesguen los resultados generados por los prompts en función de los datos que se les hayan proporcionado. También hay preocupaciones sobre la privacidad de los datos y la posibilidad de que se utilicen con fines malintencionados, como la generación de noticias falsas o la creación de perfiles de usuarios.

Es importante que los desarrolladores de tecnología y los usuarios de prompts comprendan estas limitaciones y desafíos, y trabajen juntos para abordarlos de manera responsable y ética. Esto incluye la implementación de medidas de seguridad y privacidad adecuadas, la selección cuidadosa de los conjuntos de datos utilizados para entrenar los modelos de IA y la transparencia en cuanto al uso de los prompts y los resultados generados.

En resumen, aunque los prompts pueden ser una herramienta poderosa y útil para la generación de texto con IA, también presentan limitaciones y desafíos que deben abordarse. Es importante que los desarrolladores y usuarios de esta tecnología trabajen juntos para desarrollar soluciones efectivas y responsables que permitan aprovechar al máximo su potencial. Con la comprensión adecuada de estas limitaciones y desafíos, podemos avanzar hacia un futuro en el que los prompts y la IA en general sean utilizados de manera ética y efectiva para mejorar nuestras vidas.

Capítulo 7: Ejemplos prácticos de generación de texto con prompts

En el capítulo 7 se aborda la aplicación práctica de la generación de texto con prompts en diferentes contextos.

Primero, se exploran los chatbots y su uso en la atención al cliente. Se explican los beneficios de utilizar chatbots, como la reducción de costos y la capacidad de responder rápidamente a las consultas de los clientes. A continuación, se presentan ejemplos concretos de cómo se pueden utilizar los prompts para generar respuestas automatizadas personalizadas y eficientes.

En segundo lugar, se examina cómo los prompts pueden ser utilizados en el marketing. Se destacan las oportunidades que ofrece la generación de texto para desarrollar campañas de marketing efectivas y personalizadas. Se muestran ejemplos de cómo se pueden utilizar los prompts para crear anuncios publicitarios y mensajes de correo electrónico atractivos y persuasivos.

Por último, se describe la aplicación de los prompts en la asistencia virtual. Se explica cómo los prompts pueden ser utilizados para desarrollar soluciones eficientes y personalizadas para las necesidades de los clientes. Se presentan ejemplos prácticos de cómo se pueden utilizar los prompts para crear asistentes virtuales inteligentes

Ejemplos de aplicación de prompts en diferentes contextos, como chatbots, marketing y asistencia virtual.

Los prompts son una herramienta muy útil en diferentes contextos, como el desarrollo de chatbots, el marketing y la asistencia virtual. A continuación, te daré algunos ejemplos prácticos de cómo se pueden utilizar los prompts en cada uno de estos contextos:

1. **Chatbots**: Los chatbots son programas de computadora que simulan conversaciones con seres humanos. Para que un chatbot funcione correctamente, necesita poder entender las preguntas de los usuarios y proporcionar respuestas precisas y relevantes. En este contexto, los prompts se utilizan para entrenar al chatbot en cómo responder a las preguntas de los usuarios.

Por ejemplo, supongamos que estamos desarrollando un chatbot para un sitio web de comercio electrónico. Queremos que el chatbot sea capaz de responder preguntas comunes sobre productos, precios y envío. Para entrenar al chatbot en cómo responder a estas preguntas, podríamos utilizar prompts como:

- "¿Cuál es el precio de [nombre del producto]?"
- "¿Qué opciones de envío están disponibles?"
- "¿Tienen alguna oferta especial en este momento?"

2. **Marketing**: En el marketing, los prompts se utilizan para crear contenido persuasivo y atractivo que atraiga a los clientes potenciales y los convierta en clientes

reales. Por ejemplo, podríamos utilizar prompts para escribir títulos llamativos para anuncios, correos electrónicos y publicaciones en redes sociales.

Por ejemplo, supongamos que estamos promocionando un curso en línea sobre cómo desarrollar habilidades de liderazgo. Queremos crear un título llamativo que atraiga la atención de los clientes potenciales. Podríamos utilizar prompts como:

- "Descubre cómo liderar con confianza y autoridad"
- "Aprende los secretos de los líderes más exitosos"
- "Desarrolla habilidades de liderazgo de clase mundial en sólo 30 días"

3. **Asistencia virtual**: En la asistencia virtual, los prompts se utilizan para ayudar a los clientes a resolver problemas y responder preguntas comunes. Por ejemplo, podríamos utilizar prompts para escribir respuestas predefinidas para preguntas frecuentes en un sistema de asistencia virtual.

Por ejemplo, supongamos que estamos desarrollando un sistema de asistencia virtual para una compañía de seguros. Queremos que el sistema sea capaz de responder preguntas comunes sobre políticas, reclamos y pagos. Para entrenar al sistema en cómo responder a estas preguntas, podríamos utilizar prompts como:

- "¿Cómo presento un reclamo?"
- "¿Cuáles son mis opciones de pago?"
- "¿Cómo puedo cambiar mi dirección de correo electrónico en mi perfil?"

Como puedes ver, los prompts son una herramienta muy útil en diferentes contextos, desde el desarrollo de chatbots hasta el marketing y la asistencia virtual. Al utilizar prompts para entrenar sistemas de inteligencia artificial y crear contenido persuasivo, podemos mejorar la eficacia y eficiencia de nuestras operaciones comerciales y proporcionar mejores experiencias a nuestros clientes.

- **Chatbots**: Los chatbots son programas de software diseñados para simular una conversación humana en línea. La generación de texto con prompts puede ayudar a mejorar la capacidad de los chatbots para responder a las preguntas de los usuarios de manera más precisa y natural. Por ejemplo, un chatbot de servicio al cliente podría usar un prompt para generar una respuesta personalizada y relevante a la consulta de un cliente sobre su pedido.

- **Marketing**: La generación de texto con prompts también se puede utilizar para crear mensajes de marketing más efectivos. Los prompts pueden ayudar a los profesionales del marketing a desarrollar contenido atractivo y relevante para sus audiencias, ya sea para anuncios publicitarios, correos electrónicos o publicaciones en redes sociales. Por ejemplo, un prompt podría utilizarse para generar una descripción creativa y atractiva de un nuevo producto o servicio.

- **Asistencia virtual:** La generación de texto con prompts también puede ser útil en el desarrollo de asistentes virtuales, como Siri o Alexa. Estos asistentes virtuales utilizan prompts para generar respuestas a las preguntas de los usuarios. Los prompts pueden ayudar a los desarrolladores de asistentes virtuales a mejorar la calidad y la eficacia de las respuestas generadas por sus programas. Por ejemplo, un prompt podría utilizarse para generar una respuesta clara y precisa a la pregunta de un usuario sobre el clima en una ciudad específica.

Es importante tener en cuenta que, en cada uno de estos contextos, la generación de texto con prompts debe ser cuidadosamente diseñada para que sea relevante y efectiva. Además, es importante considerar las posibles limitaciones o riesgos de la utilización de prompts en cada contexto específico. Algunos ejemplos de limitaciones podrían ser la falta de precisión en la generación de texto o la necesidad de una intervención humana para mejorar o corregir los resultados generados por el modelo de prompts

Capítulo 8: Consejos y trucos para la creación de prompts efectivos

Este capítulo se enfoca en proporcionar consejos prácticos y trucos efectivos para la creación de prompts que impacten en el público objetivo. Se presentarán técnicas avanzadas para crear prompts efectivos y persuasivos que involucran tanto la elección de las palabras como el uso de la gramática y la sintaxis. Además, se discutirán estrategias para la optimización de prompts según el formato de contenido, audiencia, objetivos y otros factores clave. Los estudiantes aprenderán a usar herramientas especializadas para la creación y refinamiento de prompts, así como consejos sobre cómo medir el éxito de los mismos en diferentes contextos. Este capítulo también proporcionará ejemplos prácticos y casos de estudio de prompts efectivos y cómo se lograron, con el objetivo de ayudar a los estudiantes a aplicar los consejos y trucos aprendidos en su propio trabajo y proyectos.

Consejos para crear prompts que generen texto con mayor impacto y personalidad.

En este capítulo, aprenderás a crear prompts efectivos que generen texto con mayor impacto y personalidad. Los prompts son herramientas esenciales para los escritores y los especialistas en marketing, y tienen la capacidad de hacer que un texto sea más interesante, persuasivo y atractivo para el público. Si deseas escribir textos impactantes que conecten con tus lectores, entonces necesitas aprender a crear prompts efectivos. Aquí hay algunos consejos que te ayudarán a lograrlo:

1. Conoce a tu público objetivo

El primer consejo para crear prompts efectivos es conocer a tu público objetivo. Para ello, debes entender su edad, género, intereses, nivel de educación, entre otros factores. Si tu público es joven, entonces es posible que desees utilizar un lenguaje más informal y coloquial. Por otro lado, si tu público es más maduro, entonces un lenguaje más formal y sofisticado podría ser más apropiado. Conocer a tu público objetivo es clave para crear prompts que se conecten con ellos y les hagan sentir interesados en lo que tienes que decir.

2. Utiliza palabras poderosas y llamativas

Las palabras que elijas para tu prompt pueden marcar una gran diferencia en la efectividad del texto que se genere. Es importante que utilices palabras poderosas y llamativas que atraigan la atención de tu público objetivo. Por ejemplo, palabras como "impactante", "revelador", "sorprendente", "exclusivo" y "sensacional" pueden ayudarte a generar texto con mayor impacto y personalidad.

3. Utiliza preguntas abiertas

Las preguntas abiertas son una técnica efectiva para generar texto con mayor impacto y personalidad. Esto se debe a que las preguntas abiertas hacen que el lector se involucre en la conversación y piense en las respuestas por sí mismo. Además, las preguntas abiertas son una forma efectiva de hacer que el lector se sienta más interesado en el contenido del texto.

Ejemplo: ¿Te gustaría aprender a escribir textos impactantes que conecten con tus lectores?

4. Utiliza metáforas y analogías

Las metáforas y analogías son herramientas poderosas para generar texto con mayor impacto y personalidad. Las metáforas pueden ayudarte a explicar conceptos complejos de una manera más simple, mientras que las analogías pueden ayudarte a hacer comparaciones interesantes y relevantes. Ejemplo: Escribir es como navegar en un mar sin fin de posibilidades, donde cada palabra es una vela que te ayuda a avanzar hacia tu destino.

5. Utiliza la voz activa

La voz activa es una técnica que implica utilizar un sujeto activo para realizar la acción. Por ejemplo, "el perro mordió al hombre" es una oración en voz activa. En cambio, "el hombre fue mordido por el perro" es una oración en voz pasiva. La voz activa es más efectiva para generar texto con mayor impacto y personalidad porque es más directa y clara. Ejemplo: "Escribe textos impactantes que conecten con tus lectores" en lugar de "Los textos impactantes que conectan con tus lectores deben ser escritos por ti".

Otro consejo importante es ser claro y conciso en el prompt. Utiliza palabras sencillas y evita el uso de jerga o términos técnicos que el lector pueda no comprender. Además, procura que el prompt sea breve y directo al punto, de esta forma el lector no se distraerá con información innecesaria y se centrará en lo importante.

Es importante tener en cuenta que la elección del tipo de prompt dependerá del objetivo que se quiera alcanzar. Por ejemplo, si se desea generar un texto creativo, se pueden utilizar preguntas abiertas o sugerencias que permitan al escritor dar rienda suelta a su imaginación. En cambio, si se quiere generar un texto informativo, se pueden utilizar preguntas cerradas o instrucciones precisas que ayuden al escritor a organizar la información.

Finalmente, es importante recordar que la práctica hace al maestro. La creación de prompts efectivos requiere tiempo y esfuerzo, pero con la práctica se puede mejorar notablemente la capacidad de generar textos impactantes y con personalidad. Es recomendable dedicar un tiempo diario a la creación de prompts y experimentar con diferentes enfoques y técnicas para encontrar aquellos que mejor funcionen.

Ejemplos prácticos:

1. Prompt para generar un texto creativo:

"Imagina que te despiertas en un mundo completamente diferente al que conoces. Describe lo que ves, lo que sientes y lo que piensas al explorar este nuevo mundo".

Este prompt permite al escritor dar rienda suelta a su imaginación y crear un mundo completamente nuevo y diferente al que conocemos en la vida real.

2. Prompt para generar un texto informativo:

"Describe los pasos necesarios para preparar una comida saludable y equilibrada en menos de 30 minutos".

Este prompt proporciona instrucciones precisas y concretas para que el escritor organice la información y genere un texto informativo útil y práctico para el lector.

3. Prompt para generar un texto persuasivo:

"Escribe un artículo convincente sobre los beneficios de adoptar una dieta vegetariana y cómo esta puede mejorar la **salud y el bienestar**".

Este prompt proporciona una dirección clara y específica para el escritor, permitiéndole persuadir al lector de las ventajas de una dieta vegetariana mediante argumentos sólidos y convincentes.

4. Para un anuncio publicitario de una marca de ropa:

"¿Estás buscando una forma de expresar tu estilo y personalidad única? ¡Prueba nuestra nueva colección y descubre cómo la moda puede hacerte sentir más seguro que nunca!"

5. Para una campaña de recaudación de fondos para una organización benéfica:

"Ayuda a hacer una diferencia real en la vida de aquellos que lo necesitan. Haz una donación hoy y únete a nosotros en la lucha contra la pobreza, la desigualdad y la injusticia social."

6. Para un artículo de blog sobre consejos para mejorar la productividad:

"¿Te sientes abrumado por las tareas diarias y luchando por mantener el enfoque? Descubre los secretos de los expertos para maximizar tu tiempo y energía y lograr más en menos tiempo."

7. Para una aplicación de meditación y mindfulness:

"¿Listo para encontrar la calma en el caos diario? Descubre cómo nuestra aplicación puede ayudarte a reducir el estrés, mejorar tu enfoque y encontrar la paz interior."

8. Para una empresa de consultoría en marketing digital:

"¿Quieres llevar tu negocio al siguiente nivel en línea? Descubre cómo nuestra experiencia y conocimiento pueden ayudarte a aumentar tu presencia en línea, llegar a nuevos clientes y aumentar tus ingresos."

Estos son solo algunos ejemplos para ilustrar la variedad y flexibilidad que puede tener un prompt efectivo. Es importante tener en cuenta el propósito y la audiencia objetivo al crear prompts para asegurarse de que sean impactantes y atractivos.

Capítulo 9: Preguntas frecuentes sobre la ingeniería de prompts

Este capítulo se enfoca en responder las preguntas más comunes que surgen al momento de adentrarse en la ingeniería de prompts. Se abordan temas como la confidencialidad de la información que se proporciona para entrenar el modelo, la ética detrás del uso de la inteligencia artificial, las limitaciones de los modelos de lenguaje, entre otros. También se discuten los errores más frecuentes al generar prompts y se proporcionan soluciones prácticas para evitarlos. En resumen, este capítulo es una guía útil para aclarar dudas y brindar consejos prácticos a quienes están incursionando en el mundo de la ingeniería de prompts.

Respuestas a las preguntas más frecuentes que surgen al trabajar con prompts y sistemas de IA.

Cuando trabajamos con prompts y sistemas de IA, surgen una serie de preguntas y dudas acerca del uso y la implementación de estas tecnologías. Es importante tener claridad sobre estos temas para poder utilizarlos de manera responsable y eficiente. En este capítulo, vamos a responder a las preguntas más frecuentes que surgen al trabajar con prompts y sistemas de IA.

1. ¿Qué es un prompt?

Ya hemos hablado sobre esto en capítulos anteriores, pero es importante recordar que un prompt es una pequeña porción de texto que se le da a un modelo de lenguaje para que este genere una respuesta. Es importante señalar que el prompt es un insumo crucial para la generación de textos por parte de un modelo de lenguaje y que debe ser diseñado de manera efectiva para obtener buenos resultados.

2. ¿Cómo funcionan los modelos de lenguaje?

Los modelos de lenguaje son sistemas de IA que están diseñados para generar texto. Estos sistemas son entrenados utilizando grandes cantidades de datos y aprenden a detectar patrones en el lenguaje natural. Una vez entrenados, los modelos de lenguaje pueden generar texto que es coherente y cohesivo.

3. ¿Cómo se entrenan los modelos de lenguaje?

Los modelos de lenguaje se entrenan utilizando grandes cantidades de datos. Estos datos pueden ser recopilados de la web o de otros corpus de texto. El proceso de entrenamiento implica alimentar al modelo con una gran cantidad de texto y ajustar los parámetros del modelo para que este genere texto de alta calidad.

4. ¿Cuál es la mejor manera de diseñar un prompt?

La mejor manera de diseñar un prompt depende del objetivo que se quiera alcanzar. Es importante tener en cuenta la longitud del prompt, el tono, el estilo, y la intención del texto que se quiere generar. Un buen prompt debe ser claro, conciso y relevante para el modelo de lenguaje que se esté utilizando.

5. ¿Qué tan confidencial es la información que se proporciona para entrenar un modelo de lenguaje?

La confidencialidad de la información que se proporciona para entrenar un modelo de lenguaje depende de la política de privacidad de la empresa o institución que está ofreciendo el servicio. En general, se recomienda investigar sobre la política de privacidad antes de proporcionar información sensible.

6. ¿Es ético utilizar la inteligencia artificial para generar texto?

La ética detrás del uso de la inteligencia artificial es un tema controvertido y en constante debate. Es importante tener en cuenta que el uso de la inteligencia artificial debe ser responsable y no debe utilizarse para perpetuar estereotipos o discriminación. Es necesario tener un conocimiento profundo de los posibles sesgos del modelo de lenguaje y tomar medidas para evitar su propagación.

7. ¿Cuáles son las limitaciones de los modelos de lenguaje?

A pesar de ser una tecnología en constante evolución, los modelos de lenguaje aún tienen limitaciones. Entre ellas se encuentran la falta de comprensión de contexto, la imposibilidad de comprender el humor o la ironía, y la limitación en el manejo de términos técnicos o especializados. Continuando con las preguntas frecuentes sobre la ingeniería de prompts, una de las dudas más comunes es la siguiente:

¿qué pasa si el modelo generativo produce contenido ofensivo o inapropiado?

Esta es una preocupación válida, ya que los modelos de lenguaje basados en IA aprenden de los datos que se les proporcionan y, por lo tanto, pueden generar contenido inapropiado o sesgado. Para abordar este problema, es importante entrenar los modelos con datos diversos y representativos, así como supervisar el contenido generado y realizar ajustes en consecuencia. Además, es importante establecer una política de uso responsable y ético de los modelos generativos para garantizar que no se utilicen para fines perjudiciales.

Otra pregunta frecuente es sobre la privacidad de los datos. ¿Cómo se protegen los datos personales utilizados en la creación de prompts?

Al utilizar datos personales en la creación de prompts, es importante asegurarse de que se respeten las regulaciones de privacidad de datos y de que se adopten medidas de seguridad adecuadas. Una forma de proteger la privacidad de los datos es anonimizarlos antes de utilizarlos en la creación de prompts. Además, es importante tener en cuenta la procedencia de los datos y asegurarse de que se han obtenido de forma legal y ética.

Finalmente, una pregunta común es sobre la eficacia de los modelos generativos. ¿Cómo se mide la calidad de los prompts generados?

La calidad de los prompts generados puede evaluarse mediante diversas métricas, como la coherencia, la relevancia y la fluidez. Además, es importante considerar el propósito específico del prompt y evaluar si cumple con el objetivo deseado. En última instancia, la eficacia de los modelos generativos dependerá del conjunto de datos utilizado para entrenarlos, la calidad del algoritmo utilizado y la habilidad del ingeniero de prompts para afinar y ajustar los modelos.

En resumen, trabajar con prompts y sistemas de IA puede plantear preguntas y preocupaciones legítimas, pero con una formación adecuada y una política de uso responsable, se pueden aprovechar estos modelos generativos para crear contenido de calidad y personalizado. Es importante seguir explorando y desarrollando nuevas técnicas y aplicaciones en la ingeniería de prompts para avanzar en el campo de la inteligencia artificial y el procesamiento del lenguaje natural.

RESUMEN

¿Estás buscando una guía completa y práctica para dominar la ingeniería de prompts y generar textos con impacto y personalidad? Entonces este libro es para ti. Desde los fundamentos de la escritura persuasiva hasta las últimas tecnologías en sistemas de IA, este libro te llevará paso a paso a través de todo lo que necesitas saber para crear textos efectivos y memorables.

Con ejemplos prácticos y consejos útiles, aprenderás a escribir prompts que capten la atención de tu audiencia y la mantengan comprometida desde el primer momento. Descubrirás cómo utilizar los datos y la tecnología para perfeccionar tus textos, y cómo aplicar tus habilidades de escritura en una amplia variedad de contextos, desde la publicidad hasta el periodismo y más allá.

Este libro también aborda las preguntas más frecuentes sobre la ingeniería de prompts y los sistemas de IA, para que puedas comprender mejor cómo funcionan y cómo sacarles el máximo provecho. Si quieres mejorar tus habilidades de escritura y destacarte en cualquier campo en el que te desenvuelvas, este libro es una herramienta esencial para tu biblioteca.